AF139894

Inhalt

Erneuerbare Energien - Deutschlands grüne Stromversorgung jetzt und in Zukunft

Erneuerbare Energien - Deutschlands grüne Stromversorgung jetzt und in Zukunft

Anja Schneider

Kernthesen

- Nach den Plänen der Bundesregierung zur Energiewende soll sich bis 2020 der Anteil von Sonne, Wind, Biomasse und Geothermie an der Stromerzeugung in Deutschland von derzeit 17 auf 35 Prozent verdoppeln.
- Bioenergie, also die aus Biomasse gewonnene Energie, hat mit rund 70 Prozent den größten Anteil an den erneuerbaren Energien in Deutschland. Die Geothermie fristet noch ein Nischendasein.

- Zur deutschen Bruttostromerzeugung 2010 trugen die Windkraft rund sechs Prozent bei, die Wasserkraft über drei Prozent und die Photovoltaik rund zwei Prozent.

Beitrag

Bundesregierung erklärt Energiewende und sagt der Kernkraft adieu

Nach der Nuklearkatastrophe im japanischen Fukushima beschloss die deutsche Bundesregierung zunächst ein dreimonatiges Atommoratorium und dann am 6. Juni 2011 den stufenweisen Ausstieg aus der Atomkraft bis zum Jahr 2022. Acht Meiler werden sofort stillgelegt, die restlichen neun gehen nach einem Zeitplan stufenweise vom Netz. Damit müssen andere Energieträger die Kernenergie ersetzen, die derzeit mit einem Anteil von

22,6 Prozent zur deutschen Stromversorgung beiträgt. Ein entsprechendes Gesetzespaket liegt vor und soll noch vor der Sommerpause verabschiedet werden. Neue Kohle- und Gaskraftwerke braucht das Land. Damit dies nicht zu sehr zu Lasten des

Kohlendioxidausstoßes geht, muss ein Teil der alten Kohledreckschleudern weg und durch moderne Anlagen ersetzt werden. Die erneuerbaren Energien müssen weiter ausgebaut werden, vor allem in Offshore Windanlagen in Nord- und Ostsee setzt die Bundesregierung große Hoffnungen. Neue Stromleitungen sollen gelegt und Hausbesitzer dabei unterstützt werden, ihre Gebäude besser gegen Wärmeverlust zu dämmen. (1)

Erneuerbare Energie zweitwichtigster heimischer Energieträger

Welche Energiequellen hat Deutschland selbst? Deutschland ist reich an Braunkohle. Sie ist nach wie vor der bedeutendste einheimische Energieträger mit einem Anteil von rund 38 Prozent. Doch ihre Förderung stagniert. Die heimische Förderung der anderen fossilen Energieträger Steinkohle, Erdöl und Erdgas ist rückläufig und mengenmäßig unbedeutend. Erneuerbare Energien beruhen - anders als fossile Energieträger - auf unerschöpflichen Quellen. Sie umfassen den Energiemix aus Windenergie, Bioenergie, Solarenergie, Wasserkraft und Geothermie. Sie wachsen seit Jahren, in 2010 um knapp 10 Prozent. Mit einem Anteil von etwa einem

Drittel rangieren die erneuerbaren Energien damit auf dem zweiten Platz der heimischen Energieträger. (2)

Erneuerbare Energie bei Stromerzeugung auf Platz 3

Aus den erneuerbaren Energien werden in der Energiewirtschaft Strom, Wärme und Kraftstoffe erzeugt. Mit 54 Prozent geht über die Hälfte der erneuerbaren Energien in die Bereitstellung von elektrischer Energie, 36 Prozent fließen in die Wärmeerzeugung und rund zehn Prozent dienen der Bereitstellung von Kraftstoffen.

Betrachtet man den Anteil aller erneuerbaren Energien an der Stromversorgung Deutschlands für das Jahr 2010, so haben sie jetzt einen Anteil von fast 17 Prozent. 2010 wurden insgesamt 102,3 Milliarden kWh Strom aus erneuerbaren Energien produziert. Verglichen mit 2009 lag dieses Ergebnis um 7,8 Prozent über dem Vorjahreswert. Damit haben die erneuerbaren Energien den dritten Platz erobert und das Erdgas überholt. Den meisten Strom für Deutschland liefert die Kohle mit insgesamt 42,4 Prozent (Braunkohle 23,7 Prozent, Steinkohle 18,7 Prozent). Die Kernenergie hat einen Anteil von 22,6 Prozent. [Abb. 1] (2)

Nach den Plänen der Bundesregierung zur Energiewende soll sich bis 2020 der Anteil von Sonne, Wind, Biomasse oder Geothermie an der Stromerzeugung in Deutschland von derzeit 17 auf 35 Prozent verdoppeln.

Bei der Erzeugung von Strom aus erneuerbaren Energien haben heute die Biomassen mit knapp 58,4 Prozent den weitaus höchsten Anteil. Mit Abstand folgen die Windenergie mit 18,3 Prozent, die Wasserkraft mit 9,9 Prozent, Müll mit 7,3 Prozent und schließlich die Photovoltaik mit 6 Prozent.

Bei der Bereitstellung von Wärme dominieren die Biomassen mit 82,8 Prozent. Des Weiteren wird Wärme aus Abfall (9 Prozent), Solarthermie (3,9 Prozent) und Geothermie (4,2 Prozent) erzeugt.

Kraftstoffe werden ausschließlich aus Biomassen erzeugt. [Abb. 2] (2)

Bioenergie

Als Bioenergie bezeichnet man die aus Biomasse gewonnene Energie. Biomassen sind beispielsweise Holz, Stroh, Pflanzenabfälle, Pflanzenöle aus Raps oder Sonnenblumen und Biogas aus der Vergärung organischer Stoffe. Insgesamt stellt die Bioenergie den größten Anteil erneuerbarer Energie in Deutschland (auch wenn über die Wind- und

Sonnenenergie sehr viel mehr gesprochen wird!).
Bioenergie kann zur Erzeugung von Strom, Wärme
und Kraftstoffen verwendet werden. Am
Gesamtverbrauch der erneuerbaren Energien waren
die Biomassen in ihren unterschiedlichen
Erscheinungsformen 2010 mit reichlich 78 Prozent
beteiligt. Knapp 46 Prozent der insgesamt genutzten
Biomasse entfielen auf den Strombereich, etwa 42
Prozent gingen in den Wärmesektor und der Rest von
12 Prozent in den Kraftstoffbereich. (2)

Seit zehn Jahren werden immer mehr biogene
Energieträger zu Strom gemacht. Dieser Trend setzte
sich auch 2010 fort. Mit 28,5 Milliarden kWh betrug
der Anteil des Stroms aus fester, flüssiger und
gasförmiger Biomasse knapp 5 Prozent des in
Deutschland produzierten Stroms (ohne Erzeugung in
Müllkraftwerken aus biogenen Abfällen).

In Deutschland gibt es über 1 200 Biomasseheizwerke
über 500 kWth, 140 000 Pelletheizungen, über 40
Pelletproduktionsanlagen, 264
Biomasseheizkraftwerke, 6 000 Biogasanlagen, 45
Biodieselanlagen, circa 150 Ölmühlen und 9
Bioethanolanlagen. Die Branche macht laut Angaben
des Bundesverbands BioEnergie rund 12 Milliarden
Jahresumsatz und meldet rund 128 000 Arbeitsplätze.
(3)

Die Bioenergie kann leicht ausgebaut werden, wenn
größere Flächen für den Anbau von Energiepflanzen

zur Verfügung gestellt werden. Genau hierin liegt auch ihr größter Kritikpunkt: Die Energiegewinnung geht zu Lasten der Nahrungsmittelproduktion.

Auch bei der Bioenergie wird weiter auf Hochtouren geforscht. So arbeiten die Wissenschaftler beispielsweise an mikrobiellen Brennstoffzellen, die Strom aus Abwässern erzeugen und an Algen, die den Klimakiller Kohlendioxid in wertvolle Öle verwandeln. (4)

Windenergie

In der Windenergie-Branche, die für das Jahr 2009 rund 6,4 Milliarden Euro Umsatz auswies, arbeiten etwa 100 000 Menschen. Im Jahr 2010 standen in Deutschland 21 607 Windräder mit einer installierten Leistung von 27 214 Megawatt. Sie speisten gut 37 Milliarden Kilowattstunden Strom ins Netz ein. Ihr Potenzial liegt weit höher: 50 Milliarden Kilowattstunden könnten es bei besseren Windbedingungen sein! 2010 wurden nur 754 Windenergieanlagen neu installiert, 33 davon Offshore, also im Meer. Die Branche ist mit dem Ausbau der Windkapazitäten an Land nicht zufrieden, sie lieferte 2010 um 5,5 Prozent weniger Strom als im Vorjahr. Immerhin hat das Repowering, also der Ersatz alter Anlagen durch neue, leistungsfähigere etwas zulegen können. Pfeiler der deutschen Hersteller ist das Exportgeschäft. (5)

Den größten Anteil an der neu installierten Leistung hatte der Hersteller Enercon (mit 59,2 Prozent). Weltmarktführer Vestas aus Dänemark ist in Deutschland momentan die Nummer 2 (mit 14,6 Prozent). Dahinter folgen REpower System, Nordex und Bard. (6)

Der Anteil der Windenergie an der Bruttostromerzeugung in Deutschland betrug im Jahr 2010 etwa sechs Prozent. Bis 2022, wenn das letzte deutsche Kernkraftwerk vom Netz gehen soll, könnte der Anteil der Windkraft am Strom-Mix bei rund 30 Prozent liegen, vorausgesetzt, es werden genügend neue Anlagen onshore und vor allem offshore aufgestellt und alte Anlagen durch leistungsstärkere moderne ersetzt. Branchenexperten schätzen, dass sogar 65 Prozent des Stroms in Deutschland durch Windkraft gedeckt werden könnten, wenn in jedem Bundesland zwei Prozent der Landesfläche mit Windrädern bebaut würden. (7)

Die Bundesregierung plant, bis 2020 Offshore-Windparks in deutschen Gewässern mit einer installierten Gesamtleistung von zehn Gigawatt zu errichten. Bis 2030 sollen die Kapazitäten so ausgeweitet sein, dass sie der Leistung von rund 25 Atomkraftwerken entsprechen. Derzeit sind allerdings erst 200 Megawatt am Netz. Die ersten Hochsee-Windenergieanlagen in Deutschland gingen 2010/11 im Testfeld alpha ventus und in den kommerziellen Windparks BARD 1 und Baltic 1 ans Netz. Branchenexperten vom Zentrum für Windenergieforschung Oldenburg oder auch vom Bundesverband WindEnergie bewerten die Pläne der Bundesregierung als ehrgeizig. Noch hinkt die Offshore-Windbranche nämlich ihren Zielen hinterher, die technischen, logistischen, finanziellen Risiken sind hoch, Lösungen zum Lärmschutz für die Meeresbewohner müssen umgesetzt werden. (4), (8), (9)

Wasserkraft

Wasserkraft ist weltweit die am meisten genutzte erneuerbare Energiequelle. Brasilien etwa deckt rund 80 Prozent seines Elektrizitätsbedarfs über Wasserkraft. Auch in Europa ist sie mit einem Anteil von 15 Prozent an den Stromerzeugungskapazitäten die führende regenerative Stromquelle. Norwegen setzt fast vollständig auf Wasserkraft, in Österreich und in der Schweiz spielt sie eine große Rolle. Sie ließe sich noch deutlich ausbauen. Vor allem in Südosteuropa gäbe es noch viel Platz für neue Kraftwerke. (10)

In Deutschland stehen derzeit rund 7500 Wasserkraftanlagen. Das sind noch gut 10 Prozent der Anfang des 20. Jahrhunderts installierten

Anlagen. Im vergangenen Jahr stieg die Stromerzeugung in Wasserkraftwerken. Sie kamen für 3,3 Prozent des deutschen Stromverbrauchs auf. (11)

Mit einer Modernisierung der vorhandenen Anlagen ließe sich die Wasserkraft in Deutschland ausbauen. Viele, vor allem kleinere Anlagen sind über 50 Jahre alt. In den 1960/70er Jahren wurden außerdem viele Anlagen stillgelegt, die mit moderner Technik wieder in Betrieb genommen werden könnten.

Für die Wasserkraft sprechen ihr hoher Wirkungsgrad von bis zu 85 Prozent, ihre Energieausbeute ist unabhängig von Wetter und Zeit. Andererseits fordert sie hohe Anfangsinvestitionen; rentabel sind die Anlagen daher erst bei langen Laufzeiten. Gegner führen die negativen ökologischen Auswirkungen ins Feld wie beispielsweise die Zerstörung des natürlichen Fließgewässerregimes, Fischsterben durch Turbinen, Pumpen und Rechen oder mögliche Verunreinigungen des Grundwassers.

Es gibt etliche verschiedene Typen von Wasserkraftwerken. Bei Laufwasserkraftwerken wird ein Fluss gestaut und mit dem abfließenden Wasser elektrischer Strom gewonnen, bei Speicherkraftwerken wird das Wasser mehrere Stunden oder gar Monate gespeichert, um bei Bedarf Spitzenenergie zu erzeugen. Bei Pumpspeicherkraftwerken wird mit überschüssigem Strom Wasser aus einer niedrigen Lage in einen höher gelegenen Stausee gepumpt, um später bei erhöhtem Strombedarf Strom zu erzeugen. Pumpspeicher-Kraftwerke bieten als derzeit einzige Energieanlagen die Möglichkeit, Elektrizität wirtschaftlich und in nennenswertem Umfang mit Hilfe potentieller Energie zu speichern. Zu den Wasserkraftwerken zählen unter anderem auch Gezeitenkraftwerke, Wellenkraftwerke, Meeresströmungskraftwerke oder Osmosekraftwerke. So testen des norwegischen Unternehmens Statkraft seit anderthalb Jahren das Potential eines Osmosekraftwerks an einer Flussmündung bei Oslo. Es nutzt die unterschiedlichen Salzgehalte von Fluss und Meer, um Wasser in Bewegung zu bringen und daraus Strom zu produzieren. Auch in der alten Idee, das Wasser zur Stromerzeugung zu nutzen, steckt also nach wie vor noch Potential für Innovationen. (4)

Solarenergie

Im vergangenen Jahr war die Photovoltaik, also die Stromerzeugung aus Sonnenenergie, der absolute Renner. Ihr Anteil an den erneuerbaren Energien zur Stromerzeugung legte von 3,6 auf sechs Prozent zu. Der Anteil der Photovoltaik an der gesamten Stromerzeugung liegt allerdings erst bei knapp zwei Prozent, was immerhin schon nahezu eine Verdoppelung gegenüber 2009 bedeutet. Die Branche plant einen Anstieg auf 25 Prozent bis zum Jahr 2050.

Der Solarthermie-Anteil am deutschen Stromverbrauch liegt derzeit noch unter einem Prozent. Die Branche plant einen Anstieg auf 30 Prozent bis zum Jahr 2050.

In der deutschen Solarwirtschaft arbeiten nach Angaben des Bundesverbandes für Solarwirtschaft (BSW) 2010 rund 150 000 Mitarbeiter bei über 15 000 Unternehmen (davon 350 Produzenten). Insgesamt sind auf deutschen Dächern und Fassaden rund 2,3 Millionen Solaranlagen für Strom bzw. Wärme installiert.

China produziert weltweit die meisten Solarzellen. Zu den größten Solarzellenherstellern gehören die amerikanische First Solar, die chinesische Suntech Power, die japanische Sharp, die deutsche Q-Cells und die ebenfalls chinesischen Anbieter Yingli und JA Solar. (12), (13)

Ab diesem Jahr werden die Vergütungen für Solarstrom um bis zu 24 Prozent sinken. Die Branche dürfte daher das Boomjahr 2010 nicht wiederholen können. Der Bundesverband Solarwirtschaft (BSW) rechnet mit einem weltweit stabilen Absatz. (14)

Die Forscher arbeiten an höheren Wirkungsgraden und günstigeren Modulen. Seit den neunziger Jahren konnten sie die Wirkungsgrade von klassischen Silizium-Solarzellen von zehn auf heute etwa 20

Prozent verdoppeln. Die Kosten haben sich in dieser Zeit halbiert. Visionär ist die Solarbranche allemal. Das Wüstenstromdesertec will bis 2050 in Nordafrika und dem Nahen Osten riesige Solarkraftwerke und Windparks bauen, um einen großen Teil des lokalen und 15 Prozent des europäischen Stromverbrauchs zu decken. Voraussichtlich 700 Terrawattstunden Strom sollen in der Endausbaustufe von Desertec jährlich nach Deutschland, Frankreich und Italien strömen - das ist mehr als heute 100 Atommeiler zusammen liefern. Doch der Weg zu großen solarthermischen Kraftwerken ist noch weit. Pilotanlagen wie zum Beispiel die Kraftwerke Andasol bei Granada, sind noch nicht ausgereift, ihr Wirkungsgrad ist zu klein, nachts liefern sie zu wenig Strom. (4)

Geothermie

Geothermie nutzt die im Grundwasser oder im Erdinneren gespeicherte Wärme in unterschiedlichen Tiefen. Weltweit gesehen gibt es derzeit in den USA und in China die meisten Geothermie-Projekte zur Wärmenutzung. In Europa sind die Schweden und die Norweger bei der Nutzung dieser Form der erneuerbaren Energie führend. Doch auch in vielen deutschen Haushalten wird Geothermie inzwischen zur Wärmeversorgung genutzt. In Deutschland gibt es zurzeit ungefähr 150 000 Gewerbe- und

Wohngebäude, die mit oberflächennahen Geothermiesystemen versorgt werden. Der Anteil der Geothermie an der regenerativen Wärmeversorgung liegt bei rund drei Prozent. Da Erdwärmesysteme im Neubaubereich sehr verbreitet sind, wird deren Anteil in den nächsten Jahren aber stark zunehmen. Auch die tiefe Geothermie (über 400 Meter) schreitet in Deutschland langsam voran. Der Bundesverband Geothermie listet mittlerweile über 30 Projekte, die teils in Betrieb, teils im Bau sind. (15)

In Deutschland gibt es fünf Erdwärmekraftwerke, die heißes Thermalwasser aus etwa vier Kilometern Tiefe zur Stromproduktion nutzen. In Island fördern Wissenschaftler aus wenigen Kilometern Tiefe Wasser, das mit über 400 Grad Celsius und einem Druck von gut 220 Bar zehn Mal so viel Energie enthält wie reiner Wasserdampf. (4)

Erneuerbare Energie weltweit: kleiner Anteil, hohes Wachstum

Öl ist weltweit gesehen immer noch der am meisten verbrauchte Energieträger, Wasserkraft die am meisten genutzte erneuerbare Energiequelle. Auch die anderen erneuerbaren Energiequellen zeigen laut BP-Report hohe Wachstumsraten. China ist mit einem Zuwachs von 75 Prozent hinter den USA zum zweitgrößten Erzeuger von Strom aus erneuerbaren Energien geworden. Weltweit hat die Stromerzeugung aus Erneuerbaren 2010 um 15,5 Prozent zugenommen. Ihr Anteil an der Deckung des Energiebedarfs ist mit 1,8 Prozent noch klein. (16)

Der Weg zur grünen Energieversorgung - steinig und schwer?

Die Vision zur Energieversorgung der Zukunft steht, die grobe Marschrichtung auch. Neue Energien, Energieeffizienz und Energiesparen sind angesagt. Freilich muss vieles noch geklärt werden.

Wie schnell lässt sich ein Kohleausstieg realisieren? Die bestehenden Kraftwerke stehen im Ruf, schmutzige Dreckschleudern zu sein, die hohe CO_2-Emissionen verursachen, sie haben hohe Fixkosten und eine geringe Flexibilität. Moderne Kraftwerke müssen gebaut werden.

Werden die vier großen Energieversorger mitspielen? Momentan zeigen sich Eon, RWE, EnBW und Vattenfall verschnupft; sie fühlen sich durch die entgehende Atomstromproduktion und die Brennelementesteuer benachteiligt und haben Klage angedroht.

Sind die gesetzlichen Rahmenbedingungen für das Voranschreiten der erneuerbaren Energien richtig und ausreichend? Reicht etwa die geplante Anhebung der Subventionen für Offshore-Windtechnologie aus, um genügend Kapital anzulocken?

Gelingt es, die Hürden des Netzausbaus über Land, im Boden und unterm Meer zu nehmen, damit die erzeugte Energie dorthin transportiert werden kann, wo sie gebraucht wird? Können Angebots- und Nachfrageschwankungen beim Strom flexibel und schnell ausgeglichen werden? Bleibt die Stromversorgung Deutschlands eine sichere Sache?

Wie stark werden die Partner in Europa an einem Strang ziehen, um gemeinsame Visionen in die Realität umzusetzen? Windenergie könnte aus Offshore-Windparks vor den Küsten Englands, Skandinaviens und Deutschlands kommen, Solarstrom aus Südeuropa und Nordafrika. Werden nationale Egoismen überwunden? Finden sich über die Grenzen hinweg Investoren, um zum Beispiel die gigantischen solaren Spiegelflächen des Wüstenstromprojekts Desertec zu realisieren?

Sind die gesetzlichen Rahmenbedingungen richtig und ausreichen? Reicht beispielsweise die geplante Anhebung der Subventionen für Offshore-Windanlagen aus, um genügend Kapital anzulocken?

Kann die Energiewende zu vernünftigen Kosten absolviert werden? Bleiben die stromintensiven deutschen Industrieunternehmen international wettbewerbsfähig, halten sich die Strompreissteigerungen für Mittelständler, Gewerbe und Haushalte in Grenzen?

Wird die richtige und effiziente Mischung aus zentraler und dezentraler Stromversorgung gefunden? Denn einerseits werden künftig weiterhin große Kraftwerke gebraucht werden, die viele Megawatt liefern, andererseits kann jeder einzelne Hausbesitzer seinen Beitrag zu einer grünen, dezentralen Energiegewinnung leisten sei es über Solarzellen auf dem Dach oder ein Mini-Blockheizkraftwerk im Keller.

Werden die großen Energiekonzerne und die kommunalen Energieversorger zusammenarbeiten? (17)

Der Weg zur grünen Energieversorgung Deutschlands wird also kein leichter sein. Nicht ohne Vorahnung bezeichnete ihn die Bundeskanzlerin Angela Merkel als Herkulesaufgabe - ohne Wenn und Aber. (18)

Fallbeispiele

Wasserkraft:

Der Energieversorger Energie Baden-Württemberg (EnBW) hat Anfang des Jahres das neue Wasserkraftwerk Rheinfelden in Betrieb genommen. Seit 2003 wird es gebaut, es kostete 380 Millionen Euro. Der Ausbau des Rheinkraftwerks Iffezheim zu einem der größten Laufwasserkraftwerke Europas hat begonnen. Um zusätzliche Kapazitäten zur Speicherung von Strom aus erneuerbaren Energien zu schaffen, prüft der Energiekonzern seit dem Frühjahr 2010 Möglichkeiten zur Modernisierung und Erweiterung des Pumpspeicherkraftwerks in der Schwarzwald-Gemeinde Forbach. (19)

Windkraft:

Schleswig-Holstein: Schleswig-Holstein ist, bezogen auf seine Einwohnerzahl von 2,8 Millionen, das Bundesland mit der größten Kernkraftwerksdichte: Brunsbüttel und Krümmel sind jetzt abgeschaltet, Brokdorf soll 2021 als letztes Kernkraftwerk in Deutschland vom Netz gehen. Schon vor 23 Jahren bauten Bewohner die ersten Windräder. 2020 sollen hundert Prozent des Energiebedarfs des Landes durch Windkraft gedeckt werden. (20)

Solar:

Neben Desertec gibt es noch andere ehrgeizige Projekte, die die Sonne als Energielieferant nutzen wollen. So planen der Industriedienstleister Ferrostaal, Kraftwerksbauer Solar Millenium, RWE

Innogy und die Versorger Rheinwerke und Stadtwerke München im spanischen Granada das Solarthermie-Kraftwerk Andasol 3. Ebenfalls in Spanien soll Puerto Errado 2 entstehen, das erste kommerzielle Solarthermie-Kraftwerk bei dem flache Spiegel die üblichen Parabolreflektoren ersetzen, was kostengünstiger ist. In den Vereinigten Staaten arbeitet Solar Millennium an der Finanzierung des größten Solarthermie-Kraftwerks der Welt, in Kalifornien soll der Solarkraftwerkspark Ivanpah entstehen, bei dem 170 000 Spiegel Sonnenlicht zur Energiegewinnung einfangen und 140 000 Haushalte mit Strom versorgen sollen. (21)

Zahlen & Fakten

Abbildung 1: Erneuerbare Energien liefern 17 Prozent des deutschen Stroms

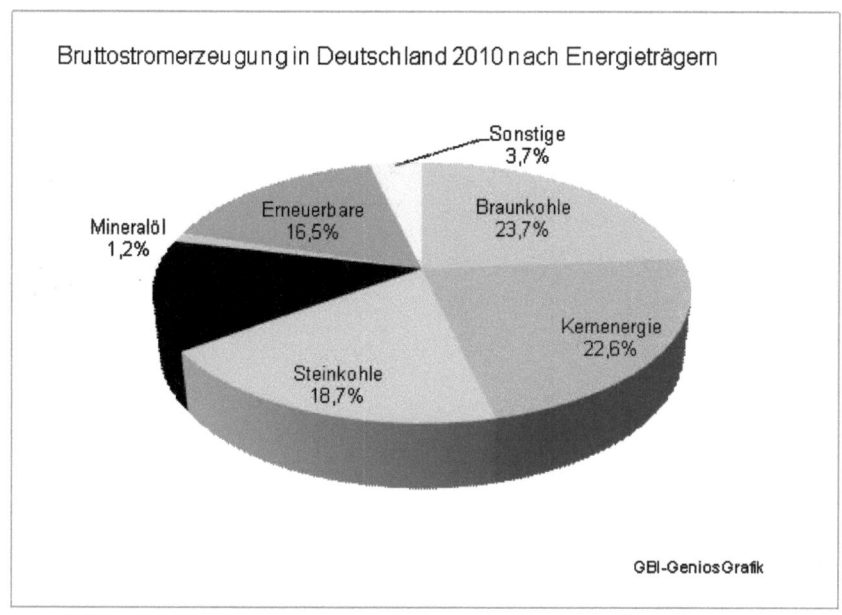

Bruttostromerzeugung in Deutschland 2010 nach Energieträgern

GBI-GeniosGrafik

Quelle: Arbeitsgemeinschaft Energiebilanzen

Entnommen aus: AG Energiebilanzen, Konjunkturelle Erholung und kalte Witterung treiben Energieverbrauch in Deutschland im Jahr 2010 in die Höhe, 23.03.2011 (2)

Abbildung 2: Erneuerbare Energien nach Verwendung und Energiequellen

	Struktur 2010 in Prozent	Veränderung in Prozent
Erneuerbare Energien		

21

	insgesamt	
Wasserkraft	5,4	3,3
Windenergie	10,0	-5,5
Photovoltaik	3,3	82,4
Biomasse	61,6	12,0
Müll (biogener Anteil)	7,3	10,0
Solarthermie	1,4	10,1
Geothermie	1,5	14,0
Bio-Kraftstoffe	9,5	3,9
Summe	**100,0**	**9,9**
	Strom	
Wasserkraft	9,9	3,3
Windenergie	18,3	-5,5
Photovoltaik	6,0	82,4
Biomasse	58,4	10,0
Müll (biogener Anteil)	7,3	10,0
Geothermie	0,0	0,0
Summe Strom	**100,0**	**6,7**
	Wärme	
Biomasse	82,8	14,2
Müll (biogener Anteil)	9,0	10,0
Solarthermie	3,9	10,1
Geothermie	4,2	13,9
Summe Wärme	**99,9**	**13,6**
	Kraftstoffe	

Quellen: AGEB, AGEE-Stat.Entnommen aus:
Arbeitsgemeinschaft Energiebilanzen e.V. (AGEB),
Energieverbrauch in Deutschland im Jahr 2010,
www.ag-energiebilanzen.de (2)

Weiterführende Literatur

(1) Deutschland beendet Ära der Atomkraft
aus Süddeutsche Zeitung, 07.06.2011, Ausgabe
Deutschland, S. 1

(2) Konjunkturelle Erholung und kalte Witterung
treiben Energieverbrauch in Deutschland im Jahr 2010
in die Höhe
aus Süddeutsche Zeitung, 07.06.2011, Ausgabe
Deutschland, S. 1

(3) Der Bioenergiemarkt in Zahlen 2010
aus Süddeutsche Zeitung, 07.06.2011, Ausgabe
Deutschland, S. 1

(4) Watt für Watt
aus Süddeutsche Zeitung, 15.06.2011, Ausgabe
München, Bayern, Deutschland, S. 23

(5) Statistiken

aus Süddeutsche Zeitung, 15.06.2011, Ausgabe München, Bayern, Deutschland, S. 23

(6) Folien
aus Süddeutsche Zeitung, 15.06.2011, Ausgabe München, Bayern, Deutschland, S. 23

(7) Windbranche: Bundesregierung bremst bei erneuerbaren Energien
aus APA-JOURNAL Energie vom 08.06.2011

(8) Laues Lüftchen im Depot
aus Handelsblatt Nr. 112 vom 10.06.2011 Seite 34

(9) Offshore
aus Handelsblatt Nr. 112 vom 10.06.2011 Seite 34

(10) Studie: Noch viel Potenzial für Wasserkraft für Europa
aus energate vom 28.09.2010

(11) Photovoltaik profitiert vom Atomausstieg
aus Handelsblatt Nr. 110 vom 08.06.2011 Seite 50

(12) Daten und Infos zur deutschen Solarbranche
aus Handelsblatt Nr. 110 vom 08.06.2011 Seite 50

(13) D, International: Top Markt für Solarzellen 2008-2008
aus Frankfurter Allgemeine Zeitung, 13.08.2010, S. 19

(14) Solarindustrie vor Marktbereinigung
aus Handelsblatt Nr. 111 vom 09.06.2011 Seite 26

(15) Übersicht: Tiefe Geothermieprojekte in

Deutschland
aus Handelsblatt Nr. 111 vom 09.06.2011 Seite 26

(16) Energieverbrauch steigt weltweit
aus www.powernews.org Meldung vom 10.06.2011 -
08:55

(17) Vielfach vernetzt
aus Süddeutsche Zeitung, 13.05.2011, Ausgabe
München, Bayern, Deutschland, S. 22

(18) Merkel: Restrisiko seit Fukushima unakzeptabel
aus Frankfurter Allgemeine Zeitung, 10.06.2011, Nr.
134, S. 1

(19) EnBW: Wind- und Wasserkraftprojekte auf der
Zielgeraden
aus www.powernews.org Meldung vom 24.03.2011 -
15:52

(20) Wind of change
aus Frankfurter Allgemeine Zeitung, 08.06.2011, Nr.
132, S. 4

(21) Wüstenkraftwerke locken Investoren
aus Handelsblatt Nr. 110 vom 08.06.2011 Seite 53

Impressum

Erneuerbare Energien - Deutschlands grüne Stromversorgung jetzt und in Zukunft

Bibliografische Information der deutschen Nationalbibliothek

Die Deutsche Nationalbibliothek verzeichnet diese Publikation in der deutschen Nationalbibliografie; detaillierte bibliografische Daten sind im Internet über http://dnb.d-nb.de abrufbar.

ISBN: 978-3-7379-2373-6

© 2015 GBI-Genios Deutsche Wirtschaftsdatenbank GmbH, Freischützstraße 96, 81927 München, www.genios.de

für auszugsweise Nachdrucke, fotomechanische Vervielfältigungen (Fotokopie/Mikroskopie), Übersetzungen, Auswertungen durch Datenbanken oder ähnliche Einrichtungen und die Einspeicherung und Verarbeitung in elektronischen Systemen.